BEI GRIN MACHT SICH IHR WISSEN BEZAHLT

- Wir veröffentlichen Ihre Hausarbeit, Bachelor- und Masterarbeit

- Ihr eigenes eBook und Buch - weltweit in allen wichtigen Shops

- Verdienen Sie an jedem Verkauf

Jetzt bei www.GRIN.com hochladen und kostenlos publizieren

Bibliografische Information der Deutschen Nationalbibliothek:

Die Deutsche Bibliothek verzeichnet diese Publikation in der Deutschen Nationalbibliografie; detaillierte bibliografische Daten sind im Internet über http://dnb.d-nb.de/ abrufbar.

Dieses Werk sowie alle darin enthaltenen einzelnen Beiträge und Abbildungen sind urheberrechtlich geschützt. Jede Verwertung, die nicht ausdrücklich vom Urheberrechtsschutz zugelassen ist, bedarf der vorherigen Zustimmung des Verlages. Das gilt insbesondere für Vervielfältigungen, Bearbeitungen, Übersetzungen, Mikroverfilmungen, Auswertungen durch Datenbanken und für die Einspeicherung und Verarbeitung in elektronische Systeme. Alle Rechte, auch die des auszugsweisen Nachdrucks, der fotomechanischen Wiedergabe (einschließlich Mikrokopie) sowie der Auswertung durch Datenbanken oder ähnliche Einrichtungen, vorbehalten.

Impressum:

Copyright © 2014 GRIN Verlag, Open Publishing GmbH
Druck und Bindung: Books on Demand GmbH, Norderstedt Germany
ISBN: 978-3-668-16141-2

Dieses Buch bei GRIN:

http://www.grin.com/de/e-book/311190/reynke-vosz-de-olde-1539-eine-transkription-und-uebersetzung

Karolin Hebben

Reynke Vosz de Olde 1539. Eine Transkription und Übersetzung

Version von Ludwig Dietz

GRIN Verlag

GRIN - Your knowledge has value

Der GRIN Verlag publiziert seit 1998 wissenschaftliche Arbeiten von Studenten, Hochschullehrern und anderen Akademikern als eBook und gedrucktes Buch. Die Verlagswebsite www.grin.com ist die ideale Plattform zur Veröffentlichung von Hausarbeiten, Abschlussarbeiten, wissenschaftlichen Aufsätzen, Dissertationen und Fachbüchern.

Besuchen Sie uns im Internet:

http://www.grin.com/

http://www.facebook.com/grincom

http://www.twitter.com/grin_com

Reynke Vosz de Olde (L. Dietz 1539)

2. Buch, 3. Kapitel

Eine Transkription und Übersetzung

Von Karolin Hebben

Universität Rostock Institut für Germanistik

Hauptseminar: Reynke Vosz de Olde

WS 14/15

7. April 2015

Inhalt

1. Einordnung und Funktion 1
2. Transkription und Übersetzung 3
3. Übersetzungs- und Transkriptionsbesonderheiten 11
   - 3.1 Form 11
     - Transkription 11
     - Übersetzung 12
   - 3.2 Inhalt 14
4. Literaturverzeichnis 18
   - 4.1 Literatur 18
   - 4.2 Sekundärliteratur 18
   - 4.3 Internet 18

1. Einordnung und Funktion

Die Hinterlist, die in der etymologischen Entwicklung aus der Geschicklichkeit geworden ist, wohnt auf Malepartus. In diesem Epos ein Schloss, aber übersetzt nur ein „schlechtes Loch" (französisch/lateinisch).

> Grymbart: Ick sorge vor juw levent tho degen.
> Isset, dat juw de konninck krycht/
> Schyt/sprack Reynke: Isset anders nicht? (2. Buch, 4. Kapitel)

Reineke Fuchs zeigt sich unbeeindruckt von den Ereignissen des dritten Kapitels des zweiten Buches. Zahlreiche Klagen waren am Königshof über ihn ausgesprochen worden – von Wolf, Bär, Hündchen, Kater, Panther und Hahn und zahlreichen Kleintieren. Das dritte Kapitel beginnt mit dem Zorn des Königs – zur Freude von Bär und Wolf. Die Königin versucht, den König zu beschwichtigen und um seines Ansehens willen Reineke die Möglichkeit zur verbalen Verteidigung zu geben. Unterstützung bei diesem Rat erhält sie vom Leopard, einem Mitglied des Königsrates. Der Wolf jedoch führt an, er habe, selbst wenn der Fuchs sich dem Ganzen könne entziehen, die schlimmste Tat noch nicht angeklagt. Er erinnert den König an den von Reineke versprochenen (nicht existenten) Schatz, den der Delinquent während seiner letzten Beichte vor dem schon ausgesprochenen Todesurteil für seine Taten im vorangegangen Buch erwähnt hatte. Angestachelt von den Schilderungen des Wolfes, plant der zornige König am Ende des dritten Kapitels einen Feldzug gegen Reineke. Bewohner des Hofes sollen sich mit sämtlichen Waffen ausstatten und sechs Tage später mit ihm gen Schloss Malepartus ziehen. Die Marginalkommentare kritisieren den König, der auf seine Frau hört und zu spät plane er einen Feldzug. Der Kommentar spricht von Machtmissbrauch der Herren am Hofe, gibt Frauen Tipps, wie sie bei ihrem Mann nicht in Ungnade fallen und wie es sich mit zornigen Frauen verhält. Strafe gebühre demjenigen, der seiner Obrigkeit nicht gehorsam ist.

Roman de Renart. Van den vos Reynaerde. Reynke de vosz. Reineke Fuchs. Das traditionsreiche und berühmte Tierepos wurde auch in Rostock – 1539 von Ludwig Dietz –gedruckt. In dieser Arbeit wurde aus diesem Druck das dritte Kapitel des dritten Buches transkribiert und übersetzt. Es handelt sich vorrangig um eine praktische Übersetzung, auf deren Grundlage weiterführend am Werk nach Erkenntnissen über Strukturen der Ausgangssprache und Kultur geforscht werden kann. Die Übersetzung enthält Aspekte einer kommunikativen und einer bearbeitenden Übersetzung.[1] Hierbei ist wichtig, dass vor allem Semantik und Intuition des Textes nicht ohne Rücksicht auf Ästhetik beibehalten werden und Textäquivalenz und Funktionsadäquatheit erfüllt sind – So wurde versucht, einen Mittelweg zwischen Originaltextnähe und Modernität zu finden. Dafür wurde sowohl substituiert als auch paraphrasiert. Letzteres war der Fall, wenn Syntax oder Semantik Befremdung oder Unverständnis beim Leser verursachen würden.

---

[1] Reiß, Katharina: Paraphrase und Übersetzung. Versuch einer Klärung. Vortrag vor dem European Regional Translation Commitee der United Bible Societies. Prag, 12.09.84.

2. Transkription und Übersetzung

Dat ander Bock.
Dat III. Capitel.

Wo de Köninck tőrnigen syck rűstede/ mit alle den Deerten und Vőgeln/ und wolde Reinken sőken/ Und wo
dyt Isegryme und Brunen/ seer wol behagede.

5

Bruen und Isegrim/ dessen bede/
Behagede wol/ wat de Kőninck sede.
Se hapeden noch werden gewraken /
An Reinken/ konden se ydt tłłostaken.
10 Men se dőrsten nicht spreken ein wort
De Kőninck was so seer vorstőrt.
Und was seer tőrnich/ in alle synem synne/
15 Int leste sprack de Kőniginne:

Ick bidde juw Her Kőninck/ gnedige Here/
Törnet juw doch nicht so gantz seere.
Gi schőlen ock nicht so liche sweren/
20 Up dat gy blyven by macht und eeren.
Noch wete gy nicht warhafftige sake/
Ock hőre gy noch nicht de weddersprake.
Were Reinke nu hyr ock thor stede/
Vellichte/ hyr weren wol mynre rede.
25 Van den/ de nu klagen aver em/
Dat Recht spreckt: Audi alteram partem

Das zweite Buch.
Das dritte Kapitel.

30 Als der König sich zornig mit allen Tieren und Vögeln bereit machte, und
Reinke aufsuchen wollte, und als das Ysegrim und Brun sehr gut gefiel.

35 Braun und Isegrim, denen beiden
gut gefiel, was der König sagte.
Sie hofften, die Lust zur Rache
an Reineke noch mehr anzufachen.
Doch wagten sie nicht ein Wort zu sprechen,
40 denn der König war sehr aufgebracht
und außer sich vor Zorn.
Doch schließlich sprach die Königin:

Ich bitte Euch, mein König, mein gnädiger Herr
45 gräm't Euch doch nicht ganz so sehr.
Ihr müsst auch nicht zu leichtfertig urteilen,
damit Ihr bei Ansehen und Ehren bleibt.
Noch kennen wir den wahren Sachverhalt nicht,
auch haben wir noch keinen Widerspruch angehört.
50 Wenn Reineke jetzt auch hier sein würde,
wären hier wohl weniger Anschuldigungen
von denen, die nun über ihn klagen.
Das Recht besagt: Audi et alteram partem.
55

MK 1:
Seneca.
Zwiſchenn ei=
nem tőnigenn und unsinnigē/ ys nen under=
schedt.
Wir jümmer wee/ einem sol=
chen man. / De synem Wyve/ de herschoppye gan/ Darum-
me/ wi to wolfaren an dat ende/ So giff nenem wyve dat Regi-
mente.

He klaget vaken/ de sülven misdoet/
Ick helt Reinken wyß und vroet.
Ick hödde my nicht vor dessem roche/
Darumme halp ick em/ all dat ick mochte.
Dat dede ick Here/ all tho jüwen framen/
Wowol ydt nu y sanders gekamen.
Is nu Reinke quadt/ effte ys he gudt/
He ys van rade/ wyß und vroet.
Dartho ock van grotem geslechte/
Hyrumme Here/ bedencket ydt rechte.
Dat gy nicht vorhasten juwe eere/
Gy synt yo alle desses Landes ein Here.
Reinke kan vor juw nicht blyven/
Wille gy ene vangen/ effte enttyven?
Juwe ördel moth jümmer ghan/
Do sprack de Lupart wedder an/
Here/ dat kan juw nergen an schaden/

MK 1:
Seneca.
Zwischen einem Zornigen und einem Wahnsinnigen ist ein Unterschied.
Wenn ein solcher Mann seiner Frau die Oberhand gibt,
weil er bis zum Ende gut führen will,
so gebe er seiner Frau die Herrschaftsgewalt.

Hier klagt mancher, der selbst Unrecht begeht.
Ich gebe zu: Ich hielt Reineke für schlau und erfahren,
daher half ich ihm, so wie ich konnte.
Das tat ich, Herr, zu Eurem Vorteil,
der allerdings dann leider ausblieb.
Mag Reineke nun gut oder schlecht sein,
er ist zumindest schlau und erfahren.
Dazu auch von adligem Geschlecht,
darum, Herr, bedenkt es recht,
bevor vorschnelles Urteilen Eure Ehre mindert.
Ihr seid Herr eines ganzen Landes,
daher kann Reineke vor Euch nicht entfliehen.
Wollt Ihr ihn festnehmen oder hinrichten?
Euer Urteil muss stets ausgeführt werden.

Da setzte der Leopard ebenfalls an:
Herr, es kann Euch stets nicht schaden.

       Dat gy erst Reinken tho worden staden.
       Wat schadet/ dat gy en erst hören spreken?
       Gy mögen denne doch juw/ an em wreken.
       Darumme volget juwer frouwen Radt/
115   Und ock der Heren/ de hyr by juw stath.

       Isegrym sprack: Dat kan nicht schaden/
       Dat wy des besten helpen raden.
       Her Lupart/ höret my wes mede/
       All were Reinke hyr nu thor stede.
120   Und he syck der sake konde entleggen/
       De desse twe / hyr up em seggen
       Ick will ene sake doch bringen vort/
       Dar he syn lyff hefft mede verbört.
       Men nu wil ick dersülven swygen/
125   So lange/ wy ene hyr wedder krygen.
       Des hefft he noch baven alle dat/
       Dem Köninge gewyset einen Schat.
       In Husterlo/ by Krekelpuett/
       Dat noch gröter lögen ys/ denn dyt.
130   De hefft der lögen vele gelagen/
       Dartho hefft he uns alle bedragen.
       De hefft Brunen seer geschandet/ und my/
135   Dar wil ick myn lyff noch setten by.
       Newerlde he recht de warheit sede/
       Nu rovet und mordet he up der Heyde.
       Wes dem Köninge und juw/ düncket gudt/
140   Dat ys wol billick/ dat men also doth.

       wenn Ihr Reineke erst einmal zu Wort kommen lasst.
       Was kümmert es, wenn Ihr ihn erst sprechen hört?
       Ihr könnt Euch jederzeit an ihm rächen.
       Darum folgt dem Rat Eurer Frau,
145   und auch dem der Edlen, die hier bei Euch stehen.

       Isegrym sagte: Es kann nicht schaden,
       dass wir helfen, das Beste zu raten.
       Herr Leopard, hört auch mich.
       Wenn Reineke sich hier nun stellen würde,
150   und er sich der Angelegenheit entziehen könnte,
       mit der ihn diese Zwei hier belasten,
       so will ich eine Tat noch anführen,
       die ihm sicher das Leben kostet.
       Dennoch will ich davon vorerst schweigen,
155   so lange, bis wir ihn hier vorführen.
       Dass er es wagte, zu versuchen,
       den König nach Husterlo beim Krekelputt
       mit einem Schatz zu locken!
       Das war noch die frechste Lüge.
160   Er hat uns immer belogen,
       und dazu auch noch betrogen.
       Braun und mich hat er sehr geschändet.
       Ich verwette Leib und Leben,
       dass er noch nie die Wahrheit gesagt hat.
165   Außerdem raubt und mordet er!
       Es ist richtig, dass man tut,
       was der König und Ihr für richtig haltet.

170 Men hadde he hyr willen kamen/
He hefft de tydinge wol vornamen.
Uth des Könniges Have by synen boden/

De Könnick sprack: Wat ys dat van nöden?
175 Dat wy alle/ hyr na em beiden?
Ick gebede/ gy schölen juw alle bereiden.
Und volgen my inn dem sösten dage/
Ick wil einen ende hebben der klage.
Wo düncket juw/ van dem bösen wychte?
180 He makede wol ein gantz Landt tho nichte.

MK 2:
Der syck ersten
bedencket na der
dadt/ Syn an=
185 slach kumpt ge=
gemeinick tho spadt. Gude an
slege/ sint alltidt
gudt/ Wo(D)em/
de se by tydenn
190 doth.

Maket rede/ all dat gy mögen/
Mit juwen harnsche/ speten und bogen.
Mit Büssen/ Pollexen und Barden/
Ick gebede/ dat gy so up my warden.
195 Efft ick juwer welcke tho Ridder slöge/

Er hatte ja herkommen können,
wenn er sich verteidigen wollte,
denn sicher hat er die Botschaft des Königs gehört.

200 Der König sagte: Ist es von Nöten,
dass wir hier weiter auf ihn warten?
Ich befehle, dass Ihr bereit seid,
mir am sechsten Tage zu folgen
205 Das Klagen muss ein Ende haben.
Was haltet ihr für den Schurken für richtig?
Er richtet ja noch ein ganzes Land zugrunde.

MK 2:
210 Wenn er erst nach der Tat nachdenkt,
kommt sein Vorhaben gemeinhin zu spät.
Gute Pläne sind immer gut,
215 solange man sie beizeiten tut.

220 Rüstet Euch, so gut ihr könnt,
mit Panzern, Spießen und Bögen,
mit Donnerbüchsen, Äxten, Hellebarden.
Ich befehle, so auf mich zu warten.
Und wen von Euch ich dann zum Ritter schlage,

225 Dat de den namen mit eeren drőge.
Wy willen hen vor Malepertuß/
Und seen/ wat Reinke hefft in dem huß.

Se antwerden dem Köninge alle/ ya /
230 Wenn gy gebeden/ so volge wy juw na.

In dessem Capitel/ mercke die leren.
Vorerst ys hyr tho mercken/ dat de jennen/ welcker dach=
likes/ by den Heren tho Have/ jedenwerdich syn/ vele val=
235 sches/ erdichtes und undersettedes dinges/ aver de jennen/
welcker nicht stedes tho Have/ vornemlich/ den se vyent syn/
vorbringen und gebruken. Geluck wo hyr Isegrim/ in Reim=
kens affwesende/ nicht dat beste vorwende/ sunder gar vor=
dechtlick handele. Derhalven spreken de Alden wysen:
240 Wol ys de/ de tho groter eere und werdicheit kumpt/ un dar=
na nicht Tyrannisere: Wol hefft geselschop mit den bösen/
und wert nicht beschediget: Edder wol wanet in der für=
sten Hâve/ dat em syn gude gerüchte und eere/ nicht gekren=
cket werde: Recht ys dat wordt der jennen/ de gespraken
245 hebben. De leve und truwe der Fürsten/ yegen eren denern/
geliket syck wol einer uppigen frouwen/ de henget an einem
na dem andern/ und an dem lesten dem levesten

MK 3:
250 Heren denst/ bringet vare un ungelücke.

der trage diesen Titel mit Ehre.
Wy willen hen vor Malepartus/
255 und sehen, was Reineke in seinem Haus hat.

Daraufhin riefen alle: „Ja, Herr König,
wenn ihr befiehlt, so folgen wir Euch!"

260 Ziehe folgende Lehren aus diesem Kapitel.
Vorerst ist hier zu merken, das diejenigen, welche
täglich bei den Herren am Höfe gegenwärtig sind, hauptsächlich
viel Falsches, Erfundenes und Unterstelltes über denjenigen,
welcher nicht am Hofe ist, mit dem sie verfeindet sind,
265 vorbringen und gebrauchen. Gleich, ob hier Isegrim in Reinekes
Abwesenheit nicht das Beste vorbringt, sondern gar verdächtig
handelt. Deshalb sprechen die Alten, Weisen:
Gut ist der, der zu großem Ansehen und Wertigkeit kommt, und
danach nicht tyrannisiert: Wer Gesellschaft mit den Bösen hat,
270 und keinen Schaden davonträgt: Oder, weil es üblich am
Fürstenhof ist, dass ihm sein guter Ruf und sein Ansehen nicht
gekränkt wird: Recht ist das Wort derjenigen, die gesprochen
haben. Die Liebe und Treue der Fürsten gleicht sich mit einer
üppigen Frau, die zu Lasten des Liebsten sich an einem nach dem
275 anderen hängt.

MK 3:
280 Herrendienst bringt Gefahr und Unglück.

MK 4:
In sachtmode/
schölen de frou=
wenn syck ent=
schüldigen.

285 Eine Erbar/dögetzame/ frame frouwe/ mach syck mit tüchtigen/
und gebörliken wörden/ wol entschüldigen/ dar=
tho eren Heren und man/ sachtmödigen und mit voge/ an=
spreken/ und tho freden stellen.

295 Averst nicht mit trotzigen kyvende/ bitterem und wreden
gemöte/ effte mit stolten forssen wörden/ se wert süs nicht mehr
uthrichten/ alse wenn se syck understünde/ dat vüx mit Oelie tho
dempen. Derhalven spreckt Salomon: Ein törnich kyvesch wyff/
ys alse ein stedes drüpfall/ wenn yd seer regent. Wol se upholdt/
300 de höldt denwindt up/ und wil
men einem törnigen kyvischE wyve wehren könne. Averst
Doctor Knüppelman/ kan en meisterlick weren. Kenner spreckt.

MK 5:
305 Ein törnich
wyff/ ein böse
creatur.

---

310 Eine ehrbare, tugendhafte und fromme Frau kann sich mit
tüchtigen und gebührenden Worten entschuldigen,
indem sie die edlen Herren und den Mann sanftmütig und auf
schickliche Weise anspricht und zufrieden stellt.

MK 4:
315 Sanftmütig sollen Frauen sich entschuldigen.

320 Wiederum nicht mit trotzigem Geschimpfe, bitterem und
zornigem Gemüt, oder mit stolzen, forschen Worten. Sie wird es
sonst nicht mehr zurecht biegen, also wenn sie sich untersteht,
den Fuchs zu verteidigen. Deshalb spricht Salomon: Ein
325 zorniges, zänkisches Weib ist also immer ein Tropfenfall, wenn
es sehr regnet. Wenn sie aufhört, hält sie den Wind auf und will
dardas Öl mit den Händen auffangen. Es ist unmöglich, ein
zorniges, zänkisches Weib davon abzuhalten. Aber Doktor
Knüppelmann kann meisterlich abwehren. Der Kenner spricht.

MK 5:
330 Eine zornige Frau ist ein böses Wesen.

Selden wert synes lydendes radt/		Selten lohnt ein leitender Rat,
De ein böse wyff genamen hat.		den ein böses Weib gegeben hat.
Wente ny nen Deerte erger wart/		Denn nichts macht einen solchen Ärger,
340 Alse ein wyff van böser art.	365	wie eine Frau von böser Art.
Dem averst ein gudt wyff wert beschert		Eine gute Frau wiederum beschert Ansehen
Worde im Lande ummeher vert.		wenn sie im Land umherfährt.
De moth syn ein gar salich man/	370	Das muss ein gar seliger Mann sein
Wente se mit eren rüchten kan.		wenn er sie mit Ansehen rühmen kann.
345 Vormeren erer beyder saliche.t/		Ihre beider Seligkeit wird größer
Und ys eine Krone der werdicheit.		und ist eine Krone der Wertigkeit.
	375	
Selden wedderfaret dersülven leydt/		Selten widerfährt derselben Leid
Welcker erem manne gerne vordrecht.		welche sich mit ihrem Mann verträgt.
Ock schal de man erer warnemen schone/		Auch soll der Mann ihre Schönheit wahrnehmen,
350 So gyfft en beyde Godt tho lone.		so belohnt Gott sie beide.
Dat se mit fröwden hyr olden/	380	Dass sie mit Freuden altern
Und lyff und seele namals beholden.		und später Leib und Seele überwinden.
In allen saken/ de rechtferdich/ billick/ dem gemeinenn		In allen Sachen, die rechtfertig, rechtmäßig, dem Gemeinwohl
besten vorderlick/ und nicht wedder Gades eere/ gelangen/		förderlich und nicht wider Gottes Willen passieren, sind
355 synt de underdanē erer ordentliker Avericheit/ gehorsam tho		Untertanen ihrer gesetzmäßigen Obrigkeit schuldig, Gehorsam
leysten schüldich. Süs/ wo se dersülven wedderstreven/ so	385	zu leisten. Wer demselben widerstrebt, verschafft Gott oder ein
vorschaffet Godt/ ein ander/ und vellichte böser Avericheit/		anderer, eventuell böser Obrigkeit, demjenigen, der sich des
de den begangen ungehorsam/ wreket und straffet.		Ungehorsam schuldig gemacht hat, Rache und Strafe.
360 Der Hans van Swatzenberch spreckt.		Hans von Schwarzenberg spricht:
De Schrifft gehorsam tho syn gebuth/		Das Gesetz, gehorsam zu sein, gilt
De Avericheit sy böse edder gudt.	390	die Obrigkeit sei böse oder gut.
Und solches uns vele mehr gebört/		Und solches gebührt uns noch mehr,
So de Herschop wert fraem gespört.		wenn die Herrschaft das Ansehen spürt.

395 MK 6:
Der Averecheit ys menn gehorsam schuldich.

400

405

410

415

420

425

430

435

440

445 MK 6:
Der Obrigkeit ist man Gehorsam schuldig.

3. Übersetzungs- und Transkriptionsbesonderheiten

Bei der Übersetzung des dritten Kapitels aus dem zweiten Buch treten Probleme und Besonderheiten formeller und inhaltlicher Natur auf. Zusätzlich wurden Originaltext und Kommentar bei der Betrachtung der Besonderheiten voneinander abgegrenzt, da sich diese zum Teil maßgeblich unterscheiden.

3.1 Form

Transkription

Mit dem Ziel, eine diplomatische Umschrift zu verfassen, wurden Entscheidungen der Transkription von Buchstaben, Satzzeichen sowie mittelniederdeutschen (Sonder-)zeichen getroffen. Auf Majuskel, die im Originaltext eine inhaltliche Zäsur darstellen, wurde verzichtet. Diese Zäsur wird in der Übersetzung mit neuhochdeutscher Interpunktion bewirkt.

Eine ähnliche Schwierigkeit stellen die Buchstaben „v" und „u" dar. Es kommt im Originaltext vor, dass ein „v" an einer Stelle gebraucht wird, wo sicher ein „u" seinen Platz hat (Beispiel: „vnd" für „und"). Es stellte sich die Frage, ob diese Buchstaben originalgetreu transkribiert werden sollten – da dies beim vorigen Problem getan wurde, wurde die Vorgehensweise beibehalten. Es wurde geschlussfolgert, dass dieses Phänomen nicht den Lesefluss stört, weil es schließlich auch im Originaltext kein großes Problem dargestellt hat und bei der Übersetzung mithilfe des Kontexts auch keinen größeren Zeitaufwand gefordert hat.

Bei der Wiedergabe von wörtlicher Rede wurde, wie im Originaltext, auf Anführungszeichen verzichtet. Diese sind nicht notwendig, da die wörtliche Rede durch Absätze markiert und eingeleitet wird.

Silbentrennung wurde besonders bei den Marginalkommentaren beibehalten und wie im Originaltext mit einem doppelten Bindestrich („=") versehen.

Es stellte sich die Frage, wie jene Zeichen, die nur im Mittelniederdeutschen existieren, transkribiert werden sollen. Zentraler Punkt dieser Entscheidung war, den Lesefluss nicht zu beeinträchtigen. Dazu hätte das Schreiben vom langen Vokal markierenden „e" hinter dem Vokal geführt. Eine weitere Möglichkeit der Darstellung von langen

Vokalen stellt eine Vokaldopplung dar, die partiell in der deutschen, sehr viel mehr in der niederländischen Sprache auftritt. Ausgeschlossen wurde diese Möglichkeit, weil es der mittelniederdeutschen Ästhetik widerspricht und das Sprachbild verändert. Es wurde sich schließlich für den Gebrauch der originalen mittelniederdeutschen Sonderzeichen entschieden, da dies die Nähe zum Originaltext am meisten gewährleistet.

Übersetzung

Die erste Entscheidung, die bei der Übersetzung ins Neuhochdeutsche getroffen werden musste, war eine einheitliche, neuhochdeutsch angepasste Schreibweise aller Namen, die im Text erwähnt werden. Zunächst geht es um Reineke selbst, dessen Name in der mittelniederdeutschen Fassung dekliniert und somit unterschiedlich geschrieben wird. Auf die Schreibweise „Reineke" wurde sich festgelegt, weil der neuhochdeutsche Name „Reinhart", der aus dem mittelniederdeutschen „Reynke" hervorgeht, für eine möglichst textnahe Übersetzung, die den Originaltext beim Lesen nicht aus dem Gedächtnis verdrängt, zu abstrakt wirkt. Der Name „Reineke" trifft folglich den Mittelweg aus Anpassung und Beibehalten der mittelniederdeutschen Ästhetik. Ähnlich verhält es sich mit Braun (Im Original: Brun, Z. 38) Isegrim (Im Original: Isegrym, Z. 38) und dem Leopard (Im Original: Lupart, Z. 113).

„Husterlo beim Krekelputt" (Z. 161) als fiktiver, literarischer Ort, wurde aus dem Original übernommen. Anders verhält es sich mit dem „Wohnort" von Reineke „Malepartuß" (Z. 232) ist zwar ebenfalls fiktiv, jedoch in der deutschen Sprache durch Erwähnungen in Literatur, vorrangig Tierfabeln, bekannt. Daher wurde der Begriff „Malepartus" übernommen, der heutzutage als geläufig gilt.

Es wurde zur Übersetzung eine Tabelle aller mittelniederdeutschen Buchstaben zurate gezogen, um Fehler auszuschließen. Trotzdem traten Probleme auf: So steht im Originaltext das Wort „hapeden" (Z. 10). Dieses Wort existiert im Mittelniederdeutschen nicht – semantisch passte an dieser Stelle vielmehr das Wort „hopeden", das „hofften" bedeutet. Dass ein „a" mit einem „o" ersetzt werden musste, kam bei der Übersetzung häufig vor. Es stellt allerdings keine große Schwierigkeit mehr dar, sobald dem Übersetzer das Problem bekannt ist.

Das Reimschema wurde nicht beibehalten, weil sonst keine semantisch korrekte, möglichst originaltextbezogene Übersetzung möglich gewesen wäre und die Funktion der Übersetzung keine Ästhetik erfüllen soll.

Eine weitere Besonderheit stellt die Groß- und Kleinschreibung im Mittelniederdeutschen dar. Dort werden Versanfänge, Namen und ein willkürlich erscheinender Teil von anderen Worten groß geschrieben. Bei genauer Betrachtung sind jene Worte, deren Großschreibung willkürlich erscheint, solche von höherer Bedeutung für die Quintessenz einer Aussage. Sie wirken emphasierend und akzentuierend: „Wol ys de/ de tho groter eere und werdicheit kumpt/ uñ dar=na nicht Tyrannisere" (Z. 247 – 248). In diesem Satz wird das Verb „tyrannisieren" groß geschrieben, um die Aussage des Satzes zu unterstreichen: „Gut ist der, der zu großem Ansehen und Wertigkeit kommt, und danach nicht tyrannisiert" (Z. 276 – 277).

Darüber hinaus ist die Lesbarkeit in Kommentaren, insbesondere in den Marginalkommentaren an einigen Stellen eingeschränkt. Ein Beispiel dafür ist ein Wort in Zeile 191: Es beginnt mit den Buchstaben „Wo" und endet mit „em". Der Buchstabe dazwischen ist nicht auszumachen – es kann lediglich vermutet werden, ob es sich hier um ein „ß", „l" oder „k" handeln könnte. Da keine der Optionen im Wörterbuch gefunden wurde, wurde sich für eine Übersetzung, die den Satz semantisch komplettiert, entschieden. Es kamen die Konjunktionen „wenn" und „solange" infrage. Der Ursprung eines derartigen Übersetzungsproblems kann nur vermutet werden. Bei der Erstellung des Originaltexts mag der Drucker einen Fehler entdeckt haben, den er zu korrigieren plante. Möglich ist auch ein Überlieferungsfehler, ein Missgeschick oder das Ergebnis langer Lagerung des Originaltext. Noch heute fehlen zahlreiche Blätter des Rostocker Druckes – der dietz'sche Druck ist nicht vollständig überliefert.

Der behandelte Rostocker Druck von Ludwig Dietz stammt aus dem Jahr 1539. Seit der Einführung des Buchdruckes gewann eine einheitliche Rechtschreibung und Punktuation immer mehr an Bedeutung. Ausgaben eines Werkes waren weniger individuell und es wurde angestrebt, für eine Masse an Lesern zu produzieren. Fehler konnten sich folglich schneller verbreiten – was zu verhindern galt. Erste Grammatiken und Orthografierichtlinien wurden im europäischen Raum erstellt. Dieser Fortschritt war aber noch lange nicht abgeschlossen, und so kam es auch im Rostocker Druck der Geschichte um den Fuchs Reineke zu Unstimmigkeiten in der Orthografie. Sichtbar wird das beispielsweise an den unterschiedlichen Schreibweisen der mittelniederdeutschen Übersetzung vom neuhochdeutschen „Hof": „Have" (Z. 243) und „ Haeve" (Z. 250). Die zweite Schreibweise zeigt, dass der Autor sich später entschied, das lange „a" zu kennzeichnen. Solche Probleme sind aus sprachhistorischer Sicht ein bedeutendes Phänomen, im Hinblick auf die Übersetzung stellen sie jedoch keine große Schwierigkeit dar.

3.2 Inhalt

Bei der Übersetzung wurde primär darauf geachtet, die beabsichtigte Semantik so gut wie möglich beizubehalten. In einigen Fällen musste dafür die Grammatik verändert werden, Kompromisse wurden eingegangen. Das Ziel der Übersetzung war inhaltlich, einen semantisch möglichst originalgetreuen, der mittelniederdeutschen Ästhetik entsprechenden, aber auch modernen Text zu gestalten.

Die Grammatik der Einleitung ist im Grunde unvollständig: Sie besteht aus zwei Nebensätzen (Z. 34 – 35). Das Wort „wo" wurde hier mit „als" übersetzt, weil eine situative Einführung in medias res durch zwei Nebensätze durchaus als Stilmittel des Spannungsaufbaus gesehen werden kann.

Das Wort „Deerten" (Z. 4) war nicht im Wörterbuch zu finden – die Übersetzung („Tieren", Z. 34) wirkt angesichts der separaten Auflistung von Vögeln (Z. 4/ Z. 34), die ebenfalls zur Gattung Tiere gehören, nur bedingt logisch. Trotzdem wurde sich für diese Übersetzung entschieden, weil es keine Alternative gibt und es nur bei genauerem Hinsehen auffällt, was im 16. Jahrhundert sicher nicht unüblich war: Es ermöglichte an dieser Stelle einen besseren Leserhythmus.

Grammatische Kompromisse werden beispielsweise am Satz „Se hopeden noch werden gewraken" (Z. 10) deutlich. „Sie hofften, noch gerächt zu werden" wäre die wörtliche Übersetzung, musste aber an den Rest des Satzes angepasst werden, der andernfalls nicht in die neuhochdeutsche grammatische Struktur gepasst hätte.

In Zeile 47 wurde nachträglich das Possessivpronomen „mein" hinzugefügt. In dieser Zeit siezten sich Ehepaare des höheren Standes, aber in der Übersetzung sollte die Zugehörigkeit der Frau zum König verdeutlicht werden, die sanftmütig auf ihren Mann einredet.

Es ist außerdem bei der Bedeutung von polysemen Worten wichtig, den historischen Kontext in Betracht zu ziehen. In Zeile 20 steht das Wort „Macht", das in diesem Fall aber nicht mit Entscheidungsgewalt, sondern mit „Ansehen" (Z. 50) zu übersetzen ist. Ein König aus dem 16. Jahrhundert verliert keinen Teil seiner Macht, wenn er einen

Widerspruch nicht anhört – es geht in dieser Angelegenheit lediglich um seinen Ruf als König.

Die Königin bedient sich in Zeile 26 eines lateinischen Sprichworts, das aus dem römischen Recht hervorgegangen ist: „Audi et alteram partem" (dt. = Höre auch die andere Seite an). Es wurde nicht ins Deutsche übersetzt, weil es auch heute noch üblich ist, Sprichwörter in ihrer Originalsprache zu gebrauchen (Beispiel: „C'est la vie"). Es gibt zudem Aufschluss über den geistigen Stand der Königin.

In Zeile 87 („schadet") wurde die Übersetzung mit „kümmert" (Z. 116) aus ästhetischem Grund vorgenommen. Es klingt bezüglich des Wortschatzes vielfältiger und vermeidet die ständige Wiederholung des Wortes „schadet".

Aus „Heren" (Z. 119) wurde in der Übersetzung „Edle" (Z. 148), weil damit betont wird, dass es sich nicht um willkürliche Herren handelt, sondern um den persönlichen Rat des Königs, der durchaus (wie im Kommentar anschließend erwähnt) etwas am Hofe zu sagen hat.

Einzelne, nicht im Wörterbuch auffindbare Worte, die vom Klang und der Schreibweise keinem neuhochdeutschen Wort ähnlich sind, stellten allgemein einzelne Übersetzungsprobleme dar. Mithilfe von Kontext und der Betrachtung von grammatischen Strukturen haben diese Fälle jedoch nur selten dazu geführt, dass der Sinn und die Bedeutung eines Satzes nicht erfasst werden konnte. Das Beispiel „Worde" (Z. 320), das mit „wenn" (Z. 349) übersetzt wurde, war einer dieser Fälle. Dass eine Frau dem König Ansehen beschert, wenn sie als konsultierende Instanz mit ihm durch das Land reist, klingt logisch. Es handelt sich hier aber um eine sehr freie Übersetzung.

„Dar he syn lyff hefft mede vorb=rt" (Z. 128) bietet sich für die Übersetzung mit der Redewendung „sich das Genick brechen" an. Denn metaphorisch ist dies gemeint: Wenn Isegrim das Vergehen ans Licht bringt, das er bis zum dortigen Zeitpunkt verschwiegen hat, wird es Reineke sprichwörtlich „das Genick brechen", weil er sich von Schuld endgültig nicht mehr reinwaschen kann. Auch, wenn ein Ziel der Übersetzung Modernität ist, ginge die durch Umgangssprache erzeugte Modernität nicht mehr mit mittelniederdeutscher Ästhetik konform. Daher wurde sich für „das Leben kosten" entschieden – semantisch im übertragenen Sinne das gleiche, wie „das Genick brechen", denn in beiden Fällen verliert der Betroffene sein Leben.

Mit "Dar wil ick myn lyff noch setten by" (Z. 138) schwört Isegrim auf seinen Leib (lyff), dass Reineke noch nie die Wahrheit gesagt hat. Passender und sprachlich geschickter klingt die Emphasierung von "lyff", indem daraus "Leib und Leben" gemacht wird. Die wörtliche Übersetzung von "setten by" wäre "einsetzen" im Sinne von "als Pfand darlegen". Darauf wurde verzichtet, weil es im Neuhochdeutschen nicht so bedrohlich wie im Original klingt. Die modernere Variante "schwören" hat im Neuhochdeutschen einen negativ konnotierten Beigeschmack erhalten. Daher wurde sich für die Übersetzung mit dem Verb "verwetten" entschieden.

In Zeile 140 wurde aus einem "nu" (wörtliche Übersetzung: jetzt, weil) ein "außerdem" (Z. 169). Dies hat den Grund, dass das Morden und Rauben, das hier angeführt wird, dem Lügen vom Kriminalitätsgrad her weit übergeordnet ist und eine Aufzählung Reinekes Straftaten darstellt.

Ein leicht überwindbares Übersetzungsproblem stellten die vom König aufgezählten Waffen dar: Darunter waren „Donnerbüchsen" und „Hellebarde" (Z. 226). Es erfordert jedoch nur wenig Geschick beim Suchen von mittelalterlichen Waffen, um herauszufinden, was hier gemeint ist.

In Zeile 242 wurden die Adjektive „val= sches/ erdichtes und undersettedes" in der Übersetzung aus ästhetischem Grund nominalisiert („viel Falsches, Erfundenes und Unterstelltes", Z. 271). Aus „dinges" (Z. 242) hätte die Übersetzung „Dinge" oder „Sachverhalte" gemacht werden können. Jedoch enthalten die nominalisierten Adjektive ein höheres Potenzial an Betonung, Einfachheit erhöht das Verständnis beim Leser.

In der Übersetzung anspruchsvoller waren Kommentar und Marginalkommentare. Eine unverzichtbare Hilfe war jedoch die Kenntnis über die Art der Kommentierung.

Oft waren es das Geschehen bewertende Aussagen und moralische Leitlinien, die der Leser aus dem Text ziehen soll, nicht selten Zitate aus der Bibel oder von bekannten Persönlichkeiten (Seneca, Z.29). Häufig wurde das Geschehen oder der Kommentar in einem Marginalkommentar in einem Satz zusammengefasst. Es lässt sich kaum vermeiden, eine gewisse Ironie und Sarkasmus aus den Kommentaren herauszulesen. Nicht anders erklärt werden kann die erneute marginale Kommentierung des Kommentars am Ende der Kapitel. So sollten die „Lehren", die in den Kommentaren aus dem Kapitel noch einmal zusammengefasst wurden, mit kritischer Distanz zu betrachten sein. Dieses Wissen erleichterte die Übersetzung maßgeblich.

Zuletzt war es dem Übersetzer nicht möglich, den Zusammenhang zu einem „Doktor Knüppelmann" (Z. 306/335) herzustellen. Es ist die Rede davon, dass der Genannte gut mit einer zornigen Frau umgehen kann. In Literatur und Internet wurde jedoch nichts über jemanden gefunden, der um die Zeit des Entstehens des Drucks gelebt hat oder aus alten Zeiten bekannt war.

4. Literaturverzeichnis

4.1 Literatur

Reynke Vosz de olde/ nyge gedrucket/ mit sidilikem vorstande und schonen figuren/ erluchtet un vorbetert. Rozstock: Dyetz, 1539. [UB Rostock Sondersammlung Cf-8631 uund Cf-8631.a]

Goethe, Johann Wolfgang: Reinke Fuchs, Frankfurt am Main: Insel Verlag,1975.

4.2 Sekundärliteratur

Georg August Universität Göttingen: Reynke Vosz de olde. URL: [http://gdz.sub.uni-goettingen.de/dms/load/toc/?PPN=PPN633656895, Zugriff: März 2015]

Gernentz, Hans Joachim: Reynke de vos. Nach der Lübecker Ausgabe von 1498, Neumünster: Karl Wachholtz Verlag 1987, S. 273-282.

Goossens, Jan: Reynke, Reynaert und das europäische Tierepos, Münster: Waxmann Verlag 1998.

Roscoe, Thomas: Introduction. Reineke Fuchs (Reynard the Fox) numerous authors and editions of it, London 1826.

Soltau, Dietrich Willhelm: Reinke der Fuchs, 3. Aufg. ‚Leipzig: Dietrich'sche Verlagsbuchhandlung Leipzig 1985, S. 113-117.

Menke, H. 1970: Die Tiernamen in Van den vos Reinaerde. Heidelberg.

4.3 Internet

Reiß, Katharina: Paraphrase und Übersetzung. Versuch einer Klärung. Vortrag vor dem European Regional Translation Commitee der United Bible Societies. Prag, 12.09.84.

BEI GRIN MACHT SICH IHR WISSEN BEZAHLT

- Wir veröffentlichen Ihre Hausarbeit, Bachelor- und Masterarbeit

- Ihr eigenes eBook und Buch - weltweit in allen wichtigen Shops

- Verdienen Sie an jedem Verkauf

Jetzt bei www.GRIN.com hochladen und kostenlos publizieren